Ln 27/18443.

DISCOURS

PRONONCÉ

DANS L'ÉGLISE CATHÉDRALE

D'AMIENS,

PAR

MGR L'ÉVÊQUE DE BEAUVAIS, NOYON ET SENLIS,

AU SERVICE SOLENNEL

CÉLÉBRÉ

POUR LE REPOS DE L'AME

DE

Monseigneur Antoine **DE SALINIS,**

Archevêque d'Auch, ancien Evêque d'Amiens,

LE 28 FÉVRIER 1861.

Se vend au profit de l'Œuvre du Denier de Saint-Pierre.

BEAUVAIS,

IMPRIMERIE D'ACHILLE DESJARDINS, RUE SAINT-JEAN.

—

1861.

> Dominus dedit ; Dominus abstulit : sicut Domino placuit, ità factum est : sit nomen Domini benedictum.
>
> Le Seigneur l'avait donné ; le Seigneur l'a enlevé ; il n'est arrivé que ce qui a plu au Seigneur : que le nom du Seigneur soit béni.
>
> — Job, I, 20. —

Messeigneurs (1),

N'attendez pas de moi une solennelle oraison funèbre. Assurément, nul n'en serait plus digne que le Pontife éminent dont nous déplorons la perte; mais ce n'est pas à l'éloquence que votre digne Evêque a fait appel lorsqu'il m'a invité à porter la parole dans cette lugubre cérémonie. Il s'est adressé à mon cœur, si profondément attaché à Mgr de Salinis, à mon cœur d'ami et de frère; il m'a dit : Venez et parlez, vous qui l'avez si bien connu. Je suis venu, M. F., parce qu'on m'a appelé, et le premier mot qui sort de ma bouche ne saurait être que l'expression du re-

---

(1) NN. SS. l'Archevêque de Cambrai, l'Evêque d'Arras et l'Evêque d'Amiens.

gret le plus vif et d'une humble soumission à l'adorable volonté de Dieu : *Dominus dedit, Dominus abstulit ; sicut Domino placuit, ità factum est : sit nomen Domini benedictum :* le Seigneur l'avait donné, le Seigneur l'a enlevé : il n'est arrivé que ce qui a plu au Seigneur, que son saint Nom soit béni !

Oui, *Que le nom du Seigneur soit béni !* .. Mais, hélas ! quel contraste déchirant entre ce que nous avons vu et ce que nous voyons en ce jour dans cette basilique. Il y a à peine quelques années, M. T. C. F., le cortége le plus magnifique qu'on eût jamais contemplé se déployait dans les rues de cette chrétienne cité d'Amiens, transformée en un vaste temple. Trente Prélats, un Clergé innombrable, un peuple immense, étaient accourus à la voix de votre Evêque bien-aimé, et les reliques de sainte Theudosie étaient apportées ici avec une pompe triomphale. Un peu plus tard, un Pontife, illustre et digne ami de Mgr de Salinis, entouré de ses Frères dans l'Episcopat, et honoré du suffrage de tous, recevait, aux pieds de ces autels, la consécration épiscopale, et devenait doublement le frère de celui dont il avait partagé la vie et les travaux. Vous avez également contemplé dans cette enceinte sacrée le Souverain de la France et son auguste Compagne, pieusement agenouillés devant les reliques de celle qui est devenue pour vous une seconde patronne.

Et aujourd'hui, M. F., aujourd'hui les joies sont changées en deuil ; les murs de la basilique se sont couverts de draperies funèbres; des chants se font encore entendre, mais, hélas! ce sont des chants de tristesse. Ah! la mort, la terrible mort a frappé une grande victime. Il n'est plus celui qui fut l'inspirateur des solennités augustes que nous rappelions tout à l'heure. Loin de vous, dans une autre patrie, il a terminé sa noble carrière ; mais, comme témoignage suprême de sa paternelle affection, en mourant, il vous a légué son cœur.

Ah! ce cœur qui vous a tant aimés devait nécessairement reposer dans la cathédrale d'Amiens. Mgr de Salinis vous avait quittés, M. T. C. F., pour aller régir l'Eglise métropolitaine d'Auch, mais sa pensée, son cœur étaient toujours avec vous. Absent de corps, votre ancien Evêque était ici présent par le souvenir, et, j'oserai le dire, par le plus affectueux regret. Donc, son cœur vous était dû ; et vous savez à quelles mains ce précieux dépôt a été confié! C'est l'élève, l'ami, le coopérateur le plus zélé de Mgr de Salinis, le confident de toutes ses pensées qui vous l'apporte. Vous le recevrez, M. T. C. F., avec autant de reconnaissance que de respect, et il demeurera avec vous comme une précieuse relique.

Toutefois, M. T. C. F., ce cœur est maintenant froid et inanimé. En le touchant, la main de la mort l'a glacé jusqu'au jour où Dieu, par sa puissance, lui donnera une vie nouvelle, et vous dites tristement : voilà donc tout ce qui nous reste de ce Pontife vénéré, autrefois notre Pasteur, notre Docteur, notre modèle et notre Père !

Non, M. F., il reste quelque chose de plus précieux et de plus grand. La mort frappe, elle brise une existence ; mais quand cette existence a été consacrée tout entière à Dieu et à la sainte Eglise, il reste des souvenirs, il reste des exemples, il reste des leçons, et du fond du tombeau le Pontife évangélise encore et continue son ministère sacré.

Nous essayerons donc de vous présenter quelques traits d'une vie qu'il nous a été donné de connaître dans la plus douce intimité, et d'en tirer quelques instructions profitables à vos âmes. Nous ne donnerons à nos pensées d'autre suite que la série des fonctions remplies par l'éminent Prélat. Mais en vous faisant remarquer le principal mobile de toute cette existence, le noble but vers lequel elle a constamment tendu, nous espérons vous montrer qu'elle ne pouvait avoir d'aspirations plus hautes et plus dignes d'un Evêque.

Parlant près de l'autel et en présence d'un cercueil, je devrais, ce semble, me taire sur les qualités naturelles de Mgr de Salinis. Pourquoi cependant garderai-je le silence quand ces qualités si rares ont été relevées, sanctifiées par la Foi, et employées à la gloire du divin Maître ?

Il est, M. T. C. F,, des hommes d'élite que Dieu

se plaît à doter richement ; ils reçoivent à eux seuls, de la main du Seigneur, un ensemble de dons répartis ordinairement entre un grand nombre d'autres : heureux si, répondant aux desseins de Dieu, ils font remonter vers lui tout ce qu'il a daigné leur départir ! Mgr de Salinis était une de ces natures privilégiées. Son intelligence, pleine de finesse et de sagacité, s'était nourrie et développée dans de fortes études ; son coup-d'œil prompt et élevé saisissait les questions par le côté le plus haut, et les embrassait avec une facilité merveilleuse. Sa parole, un peu hésitante au début, mais ensuite persuasive et puissante, avait bientôt élucidé et mis à la portée des esprits ordinaires ce qu'il y a de plus ardu dans les sciences philosophique et théologique ; et, quand il prenait la plume, un style pur, élégant, relevé par des images brillantes, donnait à la vérité cette splendeur qui captive les intelligences sous le joug de la foi. Sa conversation, vous le savez, vous qui fréquentiez sa maison si hospitalière, était attachante et pleine de charme. Malgré les traits saillants dont elle était semée, l'amertume y fut toujours étrangère, et en sortant d'un entretien avec ce digne Evêque, on pouvait dire : *Non habet amaritudinem conversatio illius, nec tœdium convictus illius* (1) ; Non jamais la parole dédaigneuse, sarcastique, hautaine, ne vint se placer sur ses lèvres ; car, en

---

(1) Sap. VIII, 16.

Mgr de Salinis, l'esprit ne nuisait pas au cœur.

Oh! il faut l'avoir connu ce cœur si bon, si droit, si affectueux, pour savoir tout ce qu'il renfermait de purs et nobles sentiments. Fut-il ami plus dévoué et plus fidèle que Mgr de Salinis? Les amitiés qui l'ont entouré jusqu'au dernier jour dataient de vingt et de trente ans. On ne le quittait plus, quand une fois on avait joui de son intimité : elle était si douce ! Quelques-uns de ses amis étaient-ils trahis par la fortune, abandonnés par l'opinion publique, sous le coup du malheur? Loin de rompre des relations, que d'autres auraient peut-être jugées compromettantes, il prodiguait à des amis délaissés les témoignages de la plus honorable affection, et s'efforçait ainsi de les relever aux yeux de tous. Les justes préférences de son cœur ne l'empêchaient point d'être bienveillant envers tous ceux qui traitaient avec lui. Il était bon pour les enfants qu'il bénissait avec tendresse, bon pour les pécheurs auxquels il facilitait la voie du retour, bon pour les petits et les pauvres; il était bon pour tous, même pour ses adversaires, et, cette âme grande et noble, ne conserva jamais le souvenir d'un mauvais procédé.

Mais j'ai hâte de passer à des considérations d'un ordre supérieur. Quelque attachant que soit l'homme, considérons le Prêtre, considérons l'Evêque, et comprenons la perte immense que l'Eglise vient de faire, surtout dans les circonstances critiques où nous sommes.

Ce qui me frappe le plus dans la vie sacerdotale et épiscopale de mon vénérable ami, c'est son profond, son inaltérable dévouement à l'Eglise et au Saint-Siége. Non, jamais Prêtre, jamais Evêque n'aima d'un amour plus vif et plus fort l'Epouse de Jésus-Christ, et l'auguste Pontife en qui l'Eglise est comme personnifiée. Rome, son autorité, ses droits sacrés, l'obéissance qui lui est due, telle était la préoccupation continuelle de son esprit. Cette tendance était si marquée qu'il s'est rencontré des hommes qui lui en ont reproché l'excès. Heureux excès, M. F.; un fils peut-il trop chérir et vénérer sa mère !

A peine élevé au Sacerdoce, l'abbé de Salinis se fait de la presse une sorte d'apostolat, et il fonde le *Mémorial Catholique*. Ce recueil, destiné à faire prévaloir les droits du Saint-Siége, et à revendiquer la liberté de l'enseignement chrétien, excite dès sa naissance la malveillance des esprits hostiles à la religion. Ce genre d'adversaires ne pouvait ni le surprendre ni l'embarrasser dans la lutte. Mais il y avait aussi les prudents de l'époque, des hommes respectables à bien des titres, attachés par souvenir et par tradition à des doctrines que le jeune écrivain considérait comme dangereuses et funestes. Les observations ne lui furent donc pas épargnées, mais rien ne saurait altérer son imperturbable sérénité; il a un but, il est intimement convaincu que la Providence le lui a assigné; il y marche résolûment, et il y tendra toute sa vie.

Cependant sa controverse, ferme dans le fond, fut toujours modérée dans la forme ; elle porta l'empreinte de cette urbanité, de cette distinction, que Mgr de Salinis avait puisées au sein d'une noble famille et dans les plus honorables relations.

Parmi ces relations, il en est une dont je n'hésite pas à parler ; elle attira à l'abbé de Salinis des jugements sévères, mais Dieu s'en servit pour révéler à tous la fidélité et l'humble soumission de son serviteur. Un homme hors ligne, un génie, venait de faire son apparition dans l'Eglise et dans le monde littéraire. Il y avait jeté un éclat éblouissant, et il s'était fièrement posé comme le champion des prérogatives du Saint-Siége. Hélas ! pourquoi est-il tombé de si haut ? *Quomodo cecidisti de cœlo, Lucifer, qui manè oriebaris* (1) ? Pourquoi la gloire de l'humilité n'a-t-elle pas complété, couronné la gloire du génie ? Personne alors ne prévoyait une si triste chute. Au contraire, on était plein d'espoir, et on croyait voir revivre un de ces puissants athlètes de la vérité, tel qu'il plaît à Dieu d'en donner de temps en temps à son Eglise. Un si grand maître ne pouvait rester sans disciples. Une élite de jeunes intelligences, enthousiastes de ses doctrines, avides de ses leçons, vint se grouper autour de lui, et l'abbé de Salinis crut un moment avoir trouvé le guide propre à le conduire sûrement dans la carrière où il s'était en-

---

(1) Isaïe XIV.

gagé. Les rapports d'une espèce de paternité et de filiation intellectuelles s'établirent entre cet homme extraordinaire et le jeune écrivain. Mais un jour Rome éleva sa voix indépendante et souveraine. Des doctrines chaudement embrassées, énergiquement défendues par l'abbé de Salinis, quand elles étaient encore livrées à la libre discussion, sont condamnées par le Vicaire de Jésus-Christ. Que fera le jeune disciple de M. de Lamennais ? Hésitera-t-il ? Cherchera-t-il quelque subterfuge, pour conserver ses anciennes idées, tout en paraissant adhérer à la décision pontificale ? Non, M. F., non : son parti est pris immédiatement ; il est pris, quoiqu'on ait pu dire, sans réserve et pour toujours. *Rome a parlé, la cause est finie.* La soumission de l'abbé de Salinis est pleine, elle est absolue, elle est irrévocable. Il a compris *que nul ne peut servir deux maîtres*, l'infaillible docteur de la vérité, et le docteur faillible, égaré, adorateur obstiné de ses propres pensées. Vous supposerez peut-être, M. F., que ce sacrifice de l'esprit coûta beaucoup à l'abbé de Salinis. Nullement, car il était la naturelle et facile conséquence d'un principe auquel il tenait plus qu'à la vie, du principe de l'infaillibilité doctrinale du Saint-Siége. J'en conviens, toutefois ; dans la séparation, il y eut douleur, et douleur cruelle, la douleur de voir un homme éminent, un ancien maître, un ancien ami, s'opiniâtrer dans la résistance à la plus sainte autorité qui soit au monde.

Si le temps me le permettait, je devrais ici rappeler les grandes œuvres catholiques dont M. de Salinis fut ou l'inspirateur ou l'ardent coopérateur. Après avoir fondé, en 1824, le *Mémorial Catholique*, il participe, en 1828, à la fondation du *Correspondant*. Il devient, en 1826, le directeur de *la Société des bons livres*, qui a répandu en France plus de deux millions d'ouvrages éminemment utiles. En 1832, dans des jours de révolution et de trouble, nous le voyons à la tête de *l'Agence pour la défense des intérêts catholiques*. En 1836, il fonde l'*Université Catholique*, et pendant plusieurs années il fait partie du Conseil de l'Œuvre Catholique par excellence, de l'*Œuvre de la Propagation de la Foi*. Le titre seul de ces grandes entreprises vous révèle cette tendance continue, incessante de votre ancien Evêque, vers l'Eglise et le Saint-Siége.

Des occupations si multipliées et d'une si haute portée ne mettaient point obstacle à l'exercice du ministère sacré : avant d'être élevé à l'Episcopat, l'abbé de Salinis occupa successivement plusieurs positions importantes. Chargé d'abord des fonctions d'aumônier d'un des premiers colléges de Paris, puis supérieur de la florissante institution de Juilly, puis professeur à la Faculté de théologie de Bordeaux et Vicaire-Général du Diocèse, partout une pensée domina sa vie et dirigea son zèle. Faire connaître, faire aimer l'Eglise, lui rattacher une ardente jeunesse, capable des plus nobles dévouements, mais en même temps si facile à égarer ;

rapprocher de l'Eglise les esprits prévenus, et les réconcilier avec leur Mère par le tableau de ses bienfaits ; tel fut le but constant de son apostolat, de ses leçons et de ses écrits. On n'a point perdu dans ma ville natale le souvenir des réunions hebdomadaires qui se tenaient dans la maison de M. l'abbé de Salinis. Là, tout ce qu'il y avait de plus distingué dans la société bordelaise se rendait chaque semaine pour discuter et pour s'éclairer. Le protestant, l'israélite, étaient assis à côté du fervent chrétien : car la religion, inflexible sous le rapport des doctrines, sait se montrer douce et indulgente à l'égard des personnes. Le guide des discussions provoquait les débats, les dirigeait, les résumait avec un tact exquis et une lucidité parfaite ; et chacun sortait de ces luttes pacifiques, ou plus dévoué à la sainte Eglise, ou moins prévenu, et se sentant attiré déjà vers cette Société sainte, hors de laquelle il n'y a qu'incertitude pour l'esprit et malaise pour le cœur.

Un Prêtre aussi éminent, quelque simple et modeste que fut sa vie, devait naturellement attirer les regards. Il fallait que *le flambeau fût placé sur le chandelier*, et qu'il projetât sa lumière sur un horizon plus vaste. M. de Salinis est désigné pour l'Episcopat, et l'Eglise qui lui est donnée pour épouse, c'est l'antique, l'illustre Eglise d'Amiens. Certes, en y faisant son entrée, il put bien dire comme le Roi-Prophète : *Funes ceciderunt mihi in præclaris ; etenim hæreditas mea præclara*

est mihi (1); le sort qui m'est échu est admirable, cet héritage est ravissant à mes yeux. Quelle noble série de saints prédécesseurs ! Quel clergé, quel peuple plein de foi et accessible à toutes les bonnes inspirations ! Le nouvel Evêque se sentit à l'aise dans une telle atmosphère : une douce espérance remplissait son cœur ; il se mit ardemment à l'œuvre. Vous rappellerai-je, M. F., les actes de son Episcopat ? Et l'institution de ces conférences ecclésiastiques si doctes et si intéressantes qu'il présidait à l'Evêché ; — et les mesures qu'il adopta pour augmenter dans son clergé la science théologique ; — et la fondation du collége de la Providence et du monastère des humbles fils de Saint-François ; — et les travaux qu'il fit exécuter dans cette auguste basilique ; — et les cérémonies magnifiques dont il vous rendit les témoins ; — et les orateurs éminents qu'il vous faisait entendre ; — et les instructions qu'il vous adressait lui-même du haut de cette chaire ; — et l'impulsion qu'il sût imprimer à la société de Saint-Vincent-de-Paul et à toutes les bonnes œuvres ; — et les rapports si dignes et si agréables qu'il entretenait avec le monde, afin de le rapprocher de Dieu ; — et ses Mandements si remarquables et si éloquents ?....
Oh ! bon et saint Evêque, malgré la droiture de vos intentions et la grandeur de vos œuvres, malgré l'aménité de vos manières et la douceur de votre

(1) Ps. xv.

âme, peut-être avez-vous rencontré parfois sur votre route la contradiction et la critique, épreuves nécessaires de la vertu, épreuves des situations difficiles franchement abordées dans l'intérêt de l'Eglise. Mais nous, qui avons connu les secrets intimes de votre noble cœur, nous le dirons bien haut : tous vos actes ou publics ou privés n'ont eu qu'un but : Jésus-Christ, son Eglise et son Vicaire. Sans cesse, vous tendiez vers ce terme par les moyens qui vous semblaient les plus efficaces. C'était là la grande passion de votre grande âme ; et à l'exemple de l'Apôtre, vous disiez généreusement : Pourvu que Jésus-Christ soit connu, pourvu qu'il soit aimé, pourvu que son Eglise triomphe, tout m'est indifférent, et je suis dans l'allégresse : *Modo Christus annuntietur, in hoc gaudeo, sed et gaudebo* (1).

L'énumération rapide que nous venons de faire suffirait assurément pour illustrer un long épiscopat, et celui de Mgr de Salinis ne fut que de quelques années. Toutefois, il est certains actes d'une importance spéciale que nous nous reprocherions de ne point vous signaler. Votre digne Evêque venait d'être consacré lorsque la voix vénérée de notre Métropolitain nous convoqua au Concile de Soissons. Une liberté trop longtemps et si injustement déniée aux Evêques leur était enfin rendue, et l'Eglise de France voyait se renouer

(1) Philip. I. 18.

les anneaux d'une chaîne brisée depuis plus de deux siècles. Je ne vous dirai pas, M. F., la piété, la paix, l'union fraternelle, la douce joie qui régnèrent dans notre première réunion épiscopale. Hélas ! celui qui nous donnait alors une noble et cordiale hospitalité, est mort lui aussi, et ma faible voix prononçait naguère quelques paroles de regrets et d'éloges devant sa tombe entr'ouverte. Je ne vous dirai pas combien l'amabilité de notre nouveau collègue contribua à rendre notre séjour à Soissons plein de charme et de doux souvenirs. Mais, vous le savez, ce premier Concile de la province de Reims est marqué d'un caractère qui fait sa gloire. Les droits du Souverain Pontife, tant sous le rapport spirituel que sous le rapport temporel, y furent hautement proclamés ; certaines doctrines, libres encore, mais à notre avis très-funestes, y furent improuvées, et le retour à la Liturgie romaine, pour tous les diocèses de la province ecclésiastique de Reims, y fut solennellement décrété. Votre Evêque prit une large part à tous ces actes mémorables. Sans doute il ne lui appartenait pas de donner l'impulsion aux travaux du Concile. La Providence nous avait ménagé un guide docte et sûr en la personne de l'éminent Cardinal qui devait présider aujourd'hui cette cérémonie, et que les motifs les plus graves ont retenu dans la capitale. Mais, préoccupé comme Mgr de Salinis l'était depuis si longtemps, de cette pensée que le salut de l'Eglise et de la Société est dans une union plus intime que jamais avec le Siége apostolique ; que des fils sont bien à plaindre quand ils mesurent leur obéissance à l'égard du meilleur des pères ; qu'il y a toujours danger pour des passagers à se placer sur les bords de la barque, et que le plus sûr est d'être au centre, d'être tout près du pilote ; préoccupé, dis-je, de cette pensée qui fut celle de toute sa vie, Mgr l'Evêque d'Amiens devait exercer, et il exerça réellement sur le Concile une puissante influence. Doué d'un rare talent de persuasion, il faisait accepter ses idées sans le moindre froissement. On a vu depuis combien ces tendances vers Rome étaient salutaires. Des jours de douleur sont venus, des jours d'angoisse, des jours d'alarmes ; et jamais, à aucune époque de l'histoire de l'Eglise, l'Episcopat français ne s'est montré plus unanime dans l'amour du Saint-Siége apostolique, dans la soumission, je ne dirai pas à ses ordres, mais à ses désirs, dans la défense de ses droits sacrés.

Le même sentiment de dévouement entier à l'Eglise et au Vicaire de Jésus-Christ inspira et dirigea le Concile d'Amiens. Nous étions alors au milieu de vous, M. T. C. F., nous étions chez votre digne Evêque, et jamais nous n'oublierons ni votre piété, ni l'affectueuse et généreuse hospitalité du Prélat que nous pleurons.

Notre tâche était terminée ; et nous rentrions dans nos diocèses respectifs après les jours heureux passés au Concile d'Amiens ; mais il restait à

Mgr de Salinis un pieux message à remplir. Il allait déposer aux pieds du Saint-Père les actes de notre Concile, il allait en solliciter l'approbation; et il ne revenait parmi vous que pour entreprendre bientôt, dans une saison rigoureuse, au prix de laborieuses fatigues et même de dangers réels, un second voyage de Rome, à l'occasion de la proclamation du dogme de l'Immaculée Conception. Assurément il en coûtait beaucoup à Mgr de Salinis de rompre ainsi ses habitudes sédentaires. Sa santé, son tempérament, ses goûts, tout semblait mettre obstacle à ces lointaines pérégrinations ; mais quand il s'agissait de l'Eglise, de Rome, du Saint-Siège, il retrouvait en un instant l'agilité de la jeunesse. Rien ne l'arrêtait plus, et il partait pour la Ville Eternelle, en disant avec le Roi-Prophète : *Lætatus sum in his quæ dicta sunt mihi : in Domum Domini ibimus* (1); Je me suis réjoui, j'ai tressailli à cette pensée : j'irai dans la cité, dans la maison du Seigneur.

J'ai paru tout dire sur l'Episcopat de Mgr de Salinis à Amiens, et pourtant combien de faits édifiants, combien de services rendus à l'Eglise n'ai-je pas omis ? Je ne vous ai point parlé de ses visites pastorales, de ses retraites ecclésiastiques, de ses abondantes aumônes. Je ne vous ai point parlé de ses démarches auprès du Pouvoir, tantôt pour faire entendre des conseils utiles en faveur de l'Eglise,

---

(1) Ps. CXXI.

tantôt pour procurer à la France des Evêques selon le cœur de Dieu. Vous avez connu, M. F., le Prélat si éminent et si doux qui reçut sous les voûtes de cette basilique la consécration épiscopale. Ah! certes, le départ de Mgr l'Evêque de Perpignan, de cet intime entre tous les intimes, fit au cœur de Mgr de Salinis une large blessure, mais à ses yeux l'intérêt de l'Eglise passait avant tout et faisait accepter tous les sacrifices.

Après ce tableau trop succinct des travaux de Mgr de Salinis dans le diocèse d'Amiens, vous me direz peut-être, M. T. C. F. : Mais pourquoi donc notre bon Evêque nous a-t-il quittés? N'avions-nous pas secondé son zèle? La cité de Saint-Firmin devait-elle s'attendre à voir successivement deux de ses bien-aimés Pontifes aller terminer ailleurs une carrière si noblement commencée?

Ah! M. F., m'est-il permis de vous confier les perplexités, les angoisses, les douleurs dont une honorable amitié m'a rendu le confident? L'amour que Mgr de Salinis vous portait allait souvent jusqu'à l'enthousiasme; rien ne lui paraissait au-dessus de l'Eglise dont il était le Pasteur; non rien... si ce n'est la volonté de Dieu et le plus grand intérêt des âmes. Sa translation lui fut présentée sous les couleurs les plus avantageuses à l'Eglise ; on savait que nul autre motif n'eut été capable de le décider. Indécis, néanmoins, et retenu par son affection paternelle, il écrivit au Souverain Pontife pour connaître sa pensée. La réponse ne fut pas un ordre., mais l'expression d'un désir ; dès-lors les hésitations cessèrent et le sacrifice fut consommé. Mgr de Salinis savait d'ailleurs en quelles mains il laissait son bien-aimé troupeau ; il savait que l'Eglise d'Amiens ne pouvait rien perdre de son éclat sous l'intelligente et paternelle administration d'un Evêque qui *se fait tout à tous pour gagner tous les cœurs à Jésus-Christ*. Néanmoins il vous dit adieu la tristesse dans l'âme, et cette tristesse était encore augmentée par une douloureuse coïncidence : un de ses meilleurs amis, Mgr Caire, protonotaire apostolique, venait de mourir.

Une séparation si déchirante, tout en blessant au cœur Mgr de Salinis, n'altéra pas son zèle dans l'exercice des fonctions épiscopales. Il était placé à la tête d'un clergé très-respectable, d'une population animée de sentiments chrétiens : il était prévenu par une haute réputation de talents et de vertu. Bientôt le nouvel archevêque réalisa les espérances que son élévation avait fait concevoir. Une organisation nouvelle fut donnée au diocèse ; une caisse de retraite pour les Prêtres infirmes fut établie ; les études ecclésiastiques furent fortifiées ; il fonda un comité archéologique et une revue périodique pour la défense de la Religion. Dans le Synode diocésain, sa voix développa les doctrines dont il avait nourri son clergé d'Amiens ; il décréta le retour à la Liturgie romaine, et ne laissa échapper aucune occasion de manifester hautement son attachement profond pour l'auguste Chef de l'Eglise. Oh ! comme son cœur d'Evêque était douloureusement affecté en voyant la tiare changée en une couronne d'épines ; le Vatican devenu un nouveau Calvaire ; l'opinion faussée par une multitude de perfides écrits ; le plus débonnaire des Pontifes et des Souverains calomnié, outragé, dépouillé d'un domaine sacré, gage de son indépendance ! Que n'a-t-il pas fait dans ces cruelles circonstances pour éclairer l'opinion et faire prévaloir la vérité et le bon droit ? Ne l'a-t-on pas vu, sous les étreintes de la maladie et presque de la mort, se faire une dernière fois l'avocat de la plus sainte des causes, et déposer aux pieds du trône la prière suprême d'un Evêque mourant ? Oui, la sainte Eglise Catholique, et par conséquent le Pape, qui en est la tête, le cœur et la vie, la sainte Eglise Catholique, c'était là, je le répète, la pensée fixe de son esprit, l'aspiration continuelle de son cœur, et il a pu dire avec vérité : Je l'ai aimée plus que la vie, plus que tout ce qu'il y a d'attachant ici-bas : *super salutem et speciem dilexi illam ;* je l'ai prise pour ma lumière, parce que sa clarté ne pâlit et ne s'éteint jamais, *et proposui pro luce habere illam, quoniàm inextinguibile est lumen illius* (1).

Mais l'heure du dernier sacrifice, l'heure de la récompense approchait. Cette constitution plus robuste en apparence qu'en réalité était mortelle-

---

(1) Sap. vii. 10.

ment atteinte. Vainement les hommes de l'art employèrent-ils tous les moyens pour conjurer le mal. Mgr de Salinis avait beaucoup souffert en quittant Amiens ; il avait souffert plus encore des douleurs du Pape et de l'Eglise, son existence était minée, il devait succomber.

Que ne puis-je vous raconter tous les détails de cette fin vraiment précieuse devant Dieu ? La vie de Mgr de Salinis avait été celle d'un grand Evêque, sa mort est la mort d'un saint. Quelle piété ! quelle héroïque patience dans les plus excessives douleurs ! Quelle sérénité en présence de la mort ! Je n'ai point contemplé ce grand et déchirant spectacle ; mais il y a ici un témoin oculaire, un ami, qui, jusqu'à la dernière heure, n'a pas quitté le chevet de l'Evêque moribond (1). Il pourra vous dire la foi si vive, la piété si ardente de Mgr de Salinis, cette admirable résignation qui lui fit répéter plusieurs fois à ceux qui demandaient sa guérison : *Je veux bien revenir à la santé, si je dois être utile à l'Eglise, mais pas autrement !* Il pourra vous parler de sa filiale dévotion envers la très Sainte-Vierge, dont la douce image était toujours placée sous ses yeux ; de sa bonté paternelle pour les petits enfants, approchant de son lit malgré tous les obstacles ; pour les pauvres qu'il veut assister pour ses largesses une dernière fois ; pour son clergé désolé qu'il bénit avec effusion et

---

(1) M. l'abbé de Ladoue.

auquel il adresse les plus touchants adieux. Mais, entre toutes ces scènes attendrissantes, il en est une qui surpasse toutes les autres : c'est l'administration du saint Viatique. Le malade en avait fixé lui-même le jour et l'heure. Les vastes nefs de la métropole d'Auch étaient remplies de fidèles fondant en larmes ; dans les rues de la cité, aux abords du palais archiépiscopal se pressait une foule immense et recueillie. Le très Saint-Sacrement, entouré du Chapitre et d'un nombreux Clergé, était porté par Mgr l'Evêque de Montauban. A peine le pieux malade a-t-il vu la divine Eucharistie, que son visage s'anime ; il devient presque radieux, *son cœur et sa chair tressaillent à l'aspect du Dieu vivant.* Il communie !.. Et que se passe-t-il entre le divin Maître et son humble serviteur à cette heure suprême ? Dieu seul le sait ; mais on a recueilli quelques paroles qui sont comme le testament de l'Evêque expirant ; vous les entendrez, M. F., avec bonheur : « Je vous
« remercie, mes chers amis ; je suis touché de
« votre empressement, qui est pour moi une
« grande consolation. J'ai pu être pour vous la
« cause de quelques peines ; j'ai pu quelquefois
« vous scandaliser par mes faiblesses : pardonnez-
« moi, je n'ai jamais eu mauvaise intention...
« Dans mes entreprises, j'ai la confiance de n'a-
« voir voulu suivre d'autres inspirations que celles
« de la Foi. » — Puis, saisissant la main de Mgr Doney : « Mon cher ami, vous m'êtes, dans

« ce moment, une joie et un bonheur. Je savais
« qu'au jour où je recevrais le saint-viatique, je
« parlerais à mes Prêtres ; j'ai tout un discours
« dans l'âme, mais, vous le voyez, mes forces
« trahissent ma volonté, je ne puis pas parler :
« parlez-leur vous-mêmes à ma place... Vous
« souvenez-vous, Monseigneur, de ces travaux
« d'une autre époque ? Nous fûmes comme deux
« athlètes.... j'ai mêlé à la lutte beaucoup d'im-
« perfections... Ma vie, pourtant, a été un acte
« de Foi : comme Prêtre, comme Evêque, comme
« Archevêque, j'ai été étroitement attaché au
« Siége de saint Pierre. A mon dernier Synode,
« je vous disais, Messieurs, que ce souvenir serait,
« à mon lit de mort, ma plus douce consolation.
« Cette pensée me rassure, en effet, contre les
« jugements de Dieu... Et puis, celle de la
« sainte Vierge ! Oh ! oui, la sainte Vierge, elle
« est mon espérance, j'ai foi dans sa protection ;
« elle est si bonne ! » Mais les forces abandonnaient
le malade. « Vous le voyez, dit-il à son vénérable
« ami, je m'en vais ; la vie se retire.... parlez
« donc à mes Prêtres ; dites-leur qu'ils aiment le
« Pape, qu'ils se serrent autour de Pierre ; là est
« la vérité, là est la vie. »

Ah ! un tel Evêque ne devait pas mourir avant
d'avoir été béni une dernière fois par Celui duquel
émane toute bénédiction sur la terre. Le télé-
graphe transmet au Souverain Pontife la nouvelle
de la situation douloureuse de l'archevêque d'Auch :

Domine, ecce quem amas, infirmatur (1) : Seigneur, celui que vous aimez est malade. Le cœur paternel de Pie IX a compris et il s'empresse de répondre. Une dépêche de Rome arrive à Auch, elle est conçue en ces termes : *Le Saint-Père, touché de la triste nouvelle de l'état de l'Archevêque d'Auch, lui donne la bénédiction papale.* On était impatient de faire connaître au malade cette insigne faveur, mais il était si faible ! et, d'ailleurs, l'émotion devait être d'autant plus vive, qu'il ignorait la démarche qu'on avait faite pour lui. On saisit le moment favorable : la dépêche lui est lue. « Ah ! « quel bonheur ! s'écrie Mgr de Salinis, quel « bonheur ! je n'aurais pas osé demander une « telle grâce, elle m'est accordée, Dieu soit loué ! « Le Pape m'a béni, je meurs en paix, je meurs « plein de confiance. » Et peu après il expire (2).

Ainsi s'est éteinte une des lumières de l'Episcopat français ; ainsi s'est terminée une existence consumée au service de l'Eglise, et consacrée pendant plusieurs années, M. T. C. F., au salut de vos âmes. Ah ! vous n'en sauriez douter, de son lit de mort, Mgr de Salinis vous a bénis comme le souverain Pontife le bénissait lui-même : Il a prié, et peut-être prie-t-il en ce moment dans la gloire

---

(1) Joan. xi. 3.

(2) M. l'abbé Canéto a recueilli tous les détails édifiants de la dernière maladie de Mgr l'archevêque d'Auch, dans une brochure intitulée : *Monseigneur de Salinis dans sa dernière maladie.*

pour son zélé successeur, pour ses collègues dans l'Episcopat, pour ce clergé qui fut le sien, pour ces ferventes Congrégations religieuses auxquelles il portait un si vif intérêt, pour ces nombreux fidèles autrefois ses enfants. Ah ! s'il pouvait vous parler encore, il vous exhorterait à croître dans l'amour de Jésus-Christ, dans la dévotion envers Marie, et à vous attacher du fond de votre cœur, et plus que jamais, à la sainte Eglise romaine, Mère et Maîtresse de toutes les Eglises. Il vous dirait : Prenez garde d'être séduits par de fallacieuses paroles : *Nemo vos seducat inanibus verbis* (1); car il est écrit que dans les derniers jours viendront des hommes trompeurs, *illusores*, marchant suivant les désirs pervers de leurs cœurs, *secundum desideria sua ambulantes* (2), et se servant des apparences de la liberté comme d'un voile pour leur malice, *habentes velamen malitiæ libertatem.* — Il vous dirait : Mes enfants, la vie n'est rien et elle est tout : elle n'est rien, puisqu'elle passe comme une ombre; elle est tout, puisqu'elle décide la grande, l'infinie question de l'éternité ! Peut-être aussi, vous dirait-il : « Priez pour moi, vous qui fûtes mes amis ; hâtez l'heure de ma délivrance, ouvrez-moi la porte du ciel. » Sans doute, M. T. C. F., tout nous fait espérer que les cruelles souffrances de la maladie si généreusement acceptées,

(1) Ephes. v. 6.
(2) Jud. 18.

que la piété et l'admirable résignation de notre cher et si regrettable ami ont effacé les dernières taches de l'infirmité humaine. Mais nous ne connaissons pas toutes les exigences de la justice divine; jamais nous n'avons tenu dans nos mains cette terrible balance où se pèsent nos défectuosités et nos vertus; nous savons seulement que pour entrer dans le royaume des cieux, *il faut avoir payé jusqu'à la dernière obole.* Prions donc, M. T. C. F., prions avec ferveur, et disons au divin Maître : Seigneur Jésus, ô vous la bonté même, *pie Jesu, Domine,* donnez-lui le repos après tant de labeurs, *dona ei requiem ;* que l'éternelle lumière luise pour cet Evêque qui marcha toujours à la lumière de votre Eglise, et qui en fut l'ardent propagateur : *lux æterna luceat ei ;* associez-le, s'il ne l'est déjà, aux chœurs des saints Pontifes qui chantent éternellement vos louanges, *cum sanctis tuis in æternum ;* car vous êtes bon, infiniment bon, et nous avons confiance en vos miséricordes ; *cum sanctis tuis in æternum, quid pius es.* Amen.

Beauvais. — Imp. d'Ach Desjardins.

www.ingramcontent.com/pod-product-compliance
Lightning Source LLC
Chambersburg PA
CBHW060556050426

42451CB00011B/1933